Wolfgang  Pein

Helga  Bredenbrücher

------------

# Schottland

und  ein  „etwas  anderes

Schottisches  Tagebuch"

- in eigenen Worten / mit eigenen Bildern -

Bibliografische Information der Deutschen Nationalbibliothek. Detaillierte bibliografische Daten sind im Internet über http://dnb.d-nb.de abrufbar. Die Deutsche Nationalbibliothek verzeichnet diese Publikation in der Deutschen Nationalbibliografie.

**Herstellung und Verlag:**

BoD – Books on Demand,


Norderstedt - Deutschland -


ISBN 978-3-7460-1258-2

# Prolog:

Es hat sich bei uns so eingebürgert – alle 2 Jahre geht es wieder auf nach **Schottland.**

Obwohl wir dort wahrscheinlich schon mehr Orte kennen, als bei uns im Münsterland – diesmal soll auch der letzte uns noch unbekannte Teil Schottlands unser Ziel sein.

Deshalb ist auch die Speyside - mit dem berühmten Whisky-Trail - neben weiteren Stellen, die wir unbedingt noch einmal wiedersehen wollen, eines unserer Ziele.

Und tatsächlich – jetzt ist es wieder soweit. Schottland ruft und wir kommen. Dieses Jahr sind es nur 17 Tage, aber wir haben uns eine Route ausgesucht, mit entsprechenden Zielen, die so genau dieser Zeit entspricht.

Natürlich könnten es auch immer wieder gerne mehr Tage sein, aber wir haben schon so viel gesehen und wollen diese ganzen positiven Erinnerungen auch so behalten, wie wir sie erlebt haben.

Auch aus diesem Grunde lassen wir diesmal zum Beispiel die Isle of Skye weg, deren Besuch eigentlich immer lohnt, die aber fast immer wieder als „Nebelinsel" beschrieben wird, wir diese aber nur im Sonnenschein mehrfach erlebt haben. Und diese Erinnerung soll auch so bleiben.

Eine **Besonderheit der diesjährigen Reise** gibt es aber schon.

Wir stellen dort nämlich den englischen Roman **„Sheep Fight For Freedom"** vor, den wir aus dem Schaf-Roman „Schafe brauchen auch mal Urlaub" übersetzt haben.

Zahlreiche Freunde in Irland und Schottland hatten immer wieder danach gefragt, weil sie unsere Bücher „in Deutsch" nicht lesen können.

Jetzt haben wir viele Stationen in Schottland vor uns, wo schon auf unsere Schaf-Helden „McGregor" und „Bunglass" gewartet wird.

Und auch wir freuen uns sehr und natürlich darauf, die zahlreiche Freunde wieder zu sehen.

Nach dem diesjährigen Schottland-Urlaub mit seinen wundervollen Erlebnissen, die nachfolgend geschildert werden, haben wir uns überlegt, wie wir unseren dortigen Freunden und den Fans der Schafe „Bunglass" und „McGregor" meiner Schaf-Romane ein „Dankeschön" zukommen lassen können - ein Danke für die freundlichen Aufnahmen und Erlebnisse mit ihnen.

Deshalb haben wir ( privat ) ein Buch erstellt, das eine kurze Geschichte erzählt, in der die schottischen Freunde namentlich erwähnt und mit dieser Geschichte dort erzählerisch verbunden sind.

Es ist eine dramatische Geschichte um gebrochene Versprechen und um die Weiterverfolgung der Schafe durch britische Metzger trotz königlicher „Nichtverfolgungs-Urkunde", die den beiden Helden meiner Geschichten in Balmoral Castle persönlich durch Ihre Königlichen Hoheiten überreicht wurden.

**A b e r    n u n    -    zum diesjährigen Urlaub in Schottland.**        ( 3. bis 19.9. 2017 )

# 3. September 2017

Es geht los! Bei strahlendem Sonnenschein starten wir. Zunächst geht es in Richtung Enschede/NL. Ab dort beginnt quasi unser Auslands-Abenteuer. Die Fahrt ist stressfrei – bis wir nach Amsterdam kommen. Zwar haben wir ein Navi, das für die Fußball-Europameisterschaft 2016 gebaut wurde, aber die Holländer scheinen Gebirge von Zement und Erde rund um Amsterdam zu verbauen. Einige der Maßnahmen sind wohl selbst für unser Navi zu neu. Nicht aus der Ruhe bringen lassen – das heißt jetzt die Devise. Das Vertrauen in das eigene Navi im Kopf und der empfohlene Blick vorher auf die Karte zahlen sich wieder einmal aus. Die grobe Richtung muss einfach stimmen, dann klappt es schon – und so ist es auch diesmal.

Ein Hinweisschild nach Harlem (nicht in den USA) kommt uns gerade recht und wir gelangen auch bald wieder auf die 9, die uns zielsicher nach **Ijmuiden** führt, wo unsere Fähre hoffentlich auf uns wartet.

Es ist jetzt kurz nach 14 Uhr – und da liegt sie, die „Princess Seaways". Wir bekommen nach der Ausweiskontrolle unsere Bordkarten.

Für die Hinfahrt nach **Newcastle** haben wir eine Doppelbett-Kabine / Dusche / WC gebucht, die in der 7. Schiffsetage liegt.

Kurz das Übernachtungsgepäck abgestellt, dann ist ein erster Rundgang fällig. Wir kennen das Schiff bereits von zwei vorherigen Schottland-Urlauben und so geht es erst einmal in die Cafeteria – auf zwei Cappuccino und leckeres Gebäck – mit vollstem Schokogeschmack!

Um 17.15 Uhr fährt die Lady los. So um die 16 Stunden wird die Überfahrt etwa dauern. Wir hoffen auf eine einigermaßen ruhige Überfahrt, denn wir haben auf der einen oder anderen Reise auch schon mal mehrere Stunden in den Betten verbracht, weil es nicht anders ging.

( z. B. bei einer Begegnung mit einem Hurrikan-Ausläufer auf dem Atlantik, als wir aus Irland kamen)

Die Wettervorhersage ist günstig – sagt zumindest der Kapitän. Somit wagen wir es, ein Abendessen zu uns zu nehmen.

Die See sieht auch danach noch vertrauenserweckend aus.

Da kann es nicht schaden, noch einen „Gute-Nacht-Trunk" zu uns zu nehmen.   Auf dem Schiff gibt es da so einige Möglichkeiten   Wir gehen in eine Bar des Schiffes, wo es auch Musik gibt   und – natürlich –   in Vorfreude auf den Urlaub auch unsere ersten „Guinness".

Zufrieden suchen wir unsere Kabine auf und schlafen gut, denn die Nordsee bleibt ruhig.

------------

# 4. September 2017

Die See hat auch beim Erwachen immer noch ein Einsehen – das Schiff liegt sehr ruhig. Frohgelaunt gehen wir zum Frühstück. So ganz ausgeschlafen sind wir nicht, denn Helga hatte einige „Heat-Attacks" ( ihr war zu warm ), und ich war doch trotz der ruhigen Reise einige Male zwischendurch mehrmals wach, so als ob man dem Ganzen nicht trauen darf. Da steckt sicher die eine oder andere Erfahrung auf See wie geschildert dahinter.


Beim Frühstück hatten wir noch ein sehr langes und nettes Gespräch mit einem älteren englischen Ehepaar. Wir sprachen an, dass der diesjährige Urlaub erheblich preiswerter als der zwei Jahre davor ist – wegen dem niedrig stehenden Pfund. Die beiden sprachen den Brexit an, den sie absolut nicht befürworten. Sie sagten das auch im Namen von vielen ihrer Freunde, waren regelrecht empört, was passiert ist. Das hätten sehr viele nicht gewollt, selbst wenn sie nur „experimentell" zugestimmt hatten, aber nach dem Ergebnis und dem „Erwachen" waren doch viele entsetzt.

Um 10 Uhr legte das Schiff an. Von der Fähre fahren wir dann im Regen herunter. Es dauert eine ganze Weile, bis das Schiff leer ist. Immer wieder kann man nur staunen, wie viele Autos und vor allem wie viele riesige Lastwagen und Busse da hinein fahren. Auch der Zoll und die Ausweiskontrolle kosten einige Zeit, aber dann ist es soweit und gar nicht mehr weit bis zum ersten „Roundabout" (Kreisverkehr). Davon erwarten uns immer sehr viele – ganz am Anfang der Links-Fahrerei. Wenn man da durch ist, hat man schon ein gutes Gefühl für den Verkehr, bei dem dort alle falsch herum fahren.

Zum Einfahren und zum Sammeln der ersten Eindrücke fahren wir vom Schiff aus zunächst nicht nach Newcastle und seinem riesigen Autobahnverkehr. Wir biegen zunächst immer nach Whitley Bay ab und fahren die Küste entlang bis Blyth. Erst dann biegen wir auf die Schnellstraße weiter Richtung Norden ab, wo wir den ersten Stopp in **Alnwick** planen.

Für die sicher wunderschönen Anlagen dort wie Castle und Gärten haben wir leider keine Zeit, da wir am ersten Tag immer den weitesten Weg haben, denn wir wollen möglichst schnell weiter nach Schottland hinein.

Aber hier in Alnwick gibt es ein weiteres wunderbares Ziel, und das steuern wir jetzt an. Es ist ein ungewöhnlicher Ort, der uns jetzt erwartet, denn der liegt „in den Bäumen". Die Anlage ist eine abenteuerliche Sache. Alles befindet sich wirklich „in" den Bäumen. Es gibt zwei Hänge-Brücken, eine Station für den kleinen Hunger und ein wunderschönes Restaurant. Wenn dies alles auf dem Wege liegt - man sollte dort unbedingt halten, aber sich vorab auch nach den Öffnungs-Zeiten erkundigen und den Restaurant-Besuch am besten vorbuchen.

**The Treehouse Restaurant**

Nach diesem schönen Luft-Spaziergang –
bei Sonnenschein – und einer Stärkung starten wir
weiter Richtung Norden durch. Um 13.42 Uhr
passieren wir dann die **Grenze nach Schottland** –
durch ein Schild und die National-Flagge ersichtlich.
Nur kurze Zeit später werden wir gestoppt – von
einem Radrennen. Die Straße ist für alle
ungefähr eine halbe Stunde gesperrt.


**Richtung Edinburgh** und natürlich rund herum wird
der Verkehr stärker. Der Regen hat uns jetzt
wieder eingeholt. Wir sind im Stop-and-Go Modus.
Der Verkehr ist zähflüssig, wir stecken zwischen
riesigen Lastwagen fest und die Sicht ist schlecht.
Dazu alles im Linksverkehr – das ist kein Spaß.
Eine halbe Stunde später sehen wir das Übel,
warum es wohl heute noch länger dauert.

Ein Verkehrsunfall ist der Grund - ungefähr
zweihundert Meter vor dem Abzweig zur großen
**Brücke über den „Firth of Forth"** – mit seiner
berühmten parallelen roten Eisenbahnbrücke.
Dort wird der Verkehr einspurig an der Unfallstelle
vorbei geleitet, und wir sind froh, dass wir nur im
Stau standen und nicht am Unfall beteiligt sind.
Wie befreiend ist es dann, über die etwa 2 ½
Kilometer lange Brücke fahren zu können.

Erleichtert schaffen wir auch den Rest bis zu unserem ersten Übernachtungsort – **Pitlochry**. Hier bekommen wir im **Craigatin House** bei Martin und Andrea dasselbe Zimmer, wie wir es vor zwei Jahren hatten – das große Zimmer Nr. 3.

Wir wussten schon in Deutschland, dass wir zum Abendessen in „**The Mill Inn**" gehen, wo leckeres Essen und Guinness vom Fass auf uns warten. Für Helga gibt es leckeren Lachs und für mich die geliebten Pork Belly.

Der Regen hat ganz aufgehört und wir schlendern über die schöne kleine Geschäftsstraße zu unserem Haus. Ein paar Seiten zu lesen schaffen wir noch, dann sind die Augen auch dafür zu müde.

... war ja auch ein ziemlich langer Weg heute - mit Hindernissen.

-----------

# 5. September 2017

Wir haben sehr gut geschlafen, und Wolfgang ist auch im Traum nicht mehr in den Kreisverkehren unterwegs gewesen.

Nach dem gewohnt tollen Frühstück ( Omelette mit Pilzen, Pancake mit Schinken u.s.w. ) müssen wir uns leider von Pitlochry schon wieder verabschieden. Diesmal haben wir hier zum Beginn unserer Schottland-Rundfahrt nur eine Nacht eingeplant, aber hier im Haus waren wir ja auch schon mehrfach mehr als zufriedene Gäste.


Aber zunächst ist hier noch der erste Termin mit einer Widmung im Englischen Roman „Sheep Fight For Freedom". Martin und Andrea kennen ja schon unsere Schafe und vom Hörensagen deren Geschichten. Nun können sie die aber einmal richtig selbst lesen – in Englisch. Nach erfolgter Widmung im Buch verabschieden wir uns und sind froh, dass wir gutes Wetter für die Weiterfahrt erwischt haben. Schon morgens vom Bett aus hatten wir den Sonnenschein gesehen, was den Tagesanfang gleich noch schöner macht.

Unsere Fahrt ist für heute bis nach Ballater geplant und führt durch die „**Cairngorms**". Es ist wieder einmal eine wundervolle Landschaft um uns herum. Es geht dabei auch durch ein schottisches Skigebiet (Glenshee-Skiarena). Wir kommen also für schottische Verhältnisse ganz schön hoch hinauf. So schön wie alles ist - leider beginnt es zu regnen. Das stört uns aber nicht, denn wir wollten sowieso eine Pause einlegen, da wir in der Skistation Cappuccino und Scones zu uns nehmen wollen.

Abwechselnd begleitet uns Nieselregen, dann scheint wieder die Sonne. Aber die Gegend ist so schön- alles in Ordnung. Zum Wetter müssen wir allerdings erwähnen, dass normal die Leute immer sagen, in Schottland regnet es doch dauernd. Diese Erfahrung haben wir in unseren Aufenthalten bislang dort nicht gemacht. Im Gegenteil - wir mussten uns wegen den Temperaturen schon mal T-Shirts kaufen, weil wir gar keine dabei hatten, was aber doch kein normaler Sommer dort war – zugegeben. Nun scheint es so, dass wir in diesem Jahr auch mal „Schottisches Wetter" in allen seinen Varianten kennen lernen. Ist ja wohl auch in Ordnung, denn wir wollen schließlich alles von Schottland wissen und kennen lernen – auch wenn dazu mal nicht ganz so schönes Wetter gehört.

Unser Weg führt uns durch **Braemar** und am **Balmoral Castle** vorbei, wo jeden Sommer die Queen im August und im September residiert. Dann erreichen wir **Ballater**, einen kleinen Ort, in dem viele Geschäfte das „Königliche Zeichen" führen, da auch von der Königsfamilie dort Einkäufe getätigt werden.

Die nächsten zwei Nächte haben wir im „**The Deeside Inn**" gebucht, das zu den Crerar-Hotel-Komplexen gehört. Wir sind noch etwas zu früh da, deshalb machen wir erst einmal einen Orts-Rundgang und genießen ( richtig ! ) wieder einmal Scones, Clotted Cream und Cappuccino. Es ist übrigens mit den Scones nie langweilig, denn es gibt so viele unterschiedliche davon – mal oder meistens mit Butter und Marmelade, mit Rosinen, Käse und vielen anderen Zutaten.

Das Hotel hat einen sehr schönen Aufenthalts-Bereich für Gäste - wie in einem alt-ehrwürdigen Hotel üblich. Auch das Restaurant ist empfehlenswert - dort wird heute Abend gespeist.

Zu kühlem Guinness vom Fass - Wein für Helga - genießen wir leckeres Lamm, Rucola und Lachs. Nach erneutem Rundgang durch die „City" gönnen wir uns im Hotel-Pub noch ein weiteres Guinness.

... auf nach Ballater / am Fluss in Ballater.

# 6. September 2017

Die Sonne scheint. Wie jeden Morgen genießen wir unser Frühstück. Heute ist der Hauptgang neben den anderen vielen leckeren Dingen Rührei mit Lachs, Pilzen und Black Pudding.

Wir müssen eine Entscheidung treffen. Wohin fahren wir heute? Von Ballater aus sind es entgegengesetzte Richtungen. Fahren wir nach Braemar zum Castle oder in die östliche Richtung zum „Dunnottar Castle"? Wir entscheiden uns für die östliche Richtung, denn da kommen wir so schnell nicht wieder hin. Auf vielen Bildern haben wir **Dunnottar Castle** bei Stonehaven schon bestaunt. Dessen Lage an der Küste ist schon bemerkenswert. Das muss man einfach mal gesehen haben, wenn man schon so nahe in der Gegend ist.

Und es ist echt „Arbeit", um dort hin zu gelangen. Viele Stufen führen erst einmal hinunter, dann wieder hinauf – das Ganze dann wieder rückwärts. Wir haben so über den Daumen etwas über 400 Stufen – insgesamt – gezählt. Noch zwei Tage später merken wir, dass wir „Waden" haben.

**Dunnottar Castle**

Na – wenn das man nicht eine außergewöhnliche Lage ist! Die 400 Stufen verbergen sich auf diesem Foto sehr geschickt, aber man kann den Abgrund hinter dem Zaun wohl erahnen.

Im dortigen Castle wurden damals die schottischen Kronjuwelen verwahrt. Deshalb wurde es lange Zeit von Cromwell belagert. Als das Castle dann später eingenommen wurde, waren die Juwelen verschwunden. Man hatte sie bereits erfolgreich aus Dunnottar Castle heraus geschmuggelt.

Um 15 Uhr sind wir zurück in Ballater. Wir haben uns vorgenommen, dort in der „**Ould Kirk**" unseren Nachmittags-Cappuccino zu uns zu nehmen. Natürlich gibt es auch hier wieder Scones, wieder einmal welche, deren Art wir noch nicht kennen.

Die Ould Kirk ist eine sehr alte Kirche. Früher war dort auch die Übernachtung als B & B möglich, jetzt ist es ein Cafe, aber sehr nett. Es laufen zurzeit Überlegungen, ob wieder etwas anderes möglich ist.

Der Cappuccino schmeckt köstlich, die Scones auch. Da noch ein sehr leckerer kleiner Kuchen angeboten wird, können wir auch dem nicht wiederstehen – hmmm! Der Cappuccino ist fast überall etwas anders, was man kaum für möglich hält – ist doch eigentlich einfach Cappuccino, wird aber doch an vielen Orten sehr speziell verfeinert. Und was „dazu" serviert wird oder „wie" er serviert wird, das ist oft allein schon eine Augenweide – wenn zum Beispiel „Clotted Cream" mit frischen Erdbeeren darauf serviert wird.

Unser Abendessen nehmen wir heute im Restaurant an der Brücke ein – Lasagne und Ragout / Schweinefleisch überbacken, beides sehr lecker.

Den erforderlichen Absacker gibt es dann im Pub bei uns im Hotel.

Übrigens – hier im Hotel lernten wir einen inzwischen pensionierten sehr netten alten Herrn kennen - der war mal für die Tiere der Queen in Balmoral-Castle zuständig.


Von viel frischer Luft übermannt packt uns heute früh die Müdigkeit und wir liegen schon um 22 Uhr im Bett. Auch sind die vielen schönen Eindrücke des Tages erst wieder einmal zu verarbeiten. Bis man dann – trotz Müdigkeit – einschläft, da vergeht aber doch immer noch eine ganze Weile.

-----------

Solchen Prozentzahlen begegneten wir einige Male.

Diese Tierchen waren da nicht so gefährlich.

# 7. September 2017

Und schon sind die zwei geplanten Tage in Ballater wieder vorbei. Unser Frühstück besteht aus Rühreiern mit Lachs, nebst anderen leckeren Sachen. Heute lautet unser Endziel Inverness. Aber vorerst haben wir uns einen sehr schönen Weg dorthin ausgesucht.

Wir fahren nach Norden in Richtung Tomintoul. Eine wundervolle Landschaft begleitet uns. Wir überqueren eine uralte Brücke unbeschadet. Einige längere Autos oder ganz flache Fahrzeuge hätten hier wohl einige Probleme. Die Brücke ist so streng gebogen, dass wohl bei einigen Fahrzeugen das Bodenblech abgeschrammt würde.

Und auch auf der heutigen Tagestour durchqueren wir wieder ein Skigebiet. Das Prozentschild auf der vorherigen Seite macht deutlich, dass hier einiges auf Fahrer und Fahrzeug wartet.

Dagegen waren die „Highland Cows" geradezu harmlos. Gut – zwischen uns und denen war ein Zaun. Aber ein Blickfang sind diese schönen Tiere allemal.

Unsere weitere Fahrt führt uns nach Dufftown, wo wir uns mit einer leckeren „Soup of the day" stärken. Wir nehmen weiter die Nordroute, wo es leider mit dem schönen Wetter vorbei ist. Bei Regen fehlen einfach die Farben, und wir fahren zügig weiter unserem Ziel entgegen – **Inverness.**

Der Empfang dort gegen 15.30 Uhr ist wahrhaft voller Sonne. Diese geht aber nicht vom Himmel aus, sondern durch die mehr als herzliche Begrüßung durch unsere Gastgeber im „**Torridon Guest House**" – durch Ellen und Russel. Besonders Ellen schien uns gar nicht mehr los lassen wollen, so sehr war ihr die Freude anzumerken.

Die beiden kennen uns, weil wir dort vor vier Jahren schon einmal waren. Und Ellen und Russel kennen auch unsere Schaf-Helden McGregor und Bunglass.

Diesbezüglich erwartet uns im Zimmer eine große Überraschung. Dort wartet – wie könnte es auch anders sein – ein Schaf auf uns. Es ist „**Allister The Welsh**". Ellen erzählt uns, dass Allister schon fast vier Jahre lang dort ist. Er hat von McGregor, Bunglass und deren Abenteuer gehört und beschlossen, dort so lange in Inverness zu bleiben, bis er den beiden persönlich begegnet.

Dort bei Ellen und Russel gab es vor vier Jahren schon einmal so eine „Schaf-Überraschung". Damals war es das Schaf „Duncan of Torridon", das davon gehört hatte, dass wegen einer Demonstration Bunglass und McGregor verhaftet wurden und für einige Tage im Tower in London gelandet waren. Auf einer Grußkarte, die damals bei unserer Ankunft im Zimmer lag, da war zu lesen, dass natürlich auch „er" bei der Befreiung der beiden Inhaftierten helfen würde.

Ja – so sind sie eben, die Schotten und ihre Schafe, hilfsbereit ohne Ende, worum es immer auch geht.


Wir wohnen fast am **„River Ness"**, deshalb brauchen wir nur die Fußgängerbrücke darüber zu überqueren - schon sind wir in der City. Es ist noch etwas Zeit bis zum Abendessen und wir spazieren gemütlich am Fluss entlang.

Zum besagten Essen erwartet uns schon ein Tisch im **„The Mustard Sead Restaurant"**. Den hat Russel schon vor einigen Wochen für uns dort bestellt, denn das Restaurant ist sehr beliebt. Wenn man dort unbedingt speisen will, dann sollte eine Order vorher Pflicht sein. Wir haben einen Tisch oben auf der Empore gebucht, wo wir auch damals so schön gesessen und gegessen hatten.

Alles klappt – wir werden nach oben begleitet, wo wir uns sofort wohl fühlen und unsere Bestellung aufgeben. Wir hatten uns schon vor der Reise mal im Netz die Speisekarte dort angeschaut, weil ich so viele Sachen nicht mag, und es ist beruhigend, wenn ich sehe, dass auf jeden Fall auch für mich etwas dabei ist.

Das ist auch auf der jetzt gültigen Karte der Fall. Für uns gibt es Lamm und Pork mit Pilzen.

Russel hatte uns noch informiert, dass es im Pub „At the Waterfront", der auch in einigen Reisebüchern über Schottland erwähnt ist, heute Live-Musik gibt. Den Gang nach dort hatten wir für unseren Absacker sowieso schon vorgesehen, denn den Pub kennen wir schon und er ist auch nur ein paar hundert Meter von unserem Haus entfernt.

Aber mit Musik und der Ankündigung ist alles noch schöner. Wir finden dort einen schönen Platz, sogar einen Sitzplatz mit Blick auf die Musiker. Wir genießen Guinness zur Musik, die uns besonders gut gefällt, weil es schottische Balladen sind, und Balladen gefallen uns sowieso immer besonders gut.

------------

# 8. September 2017

Teils sonnig, teils bedeckt ist der Himmel, aber das Frühstück allein ist schon der reinste Sonnenschein.

Gut gestärkt wollen wir heute noch einmal das „**Culloden Battlefield**" ein paar Kilometer entfernt besuchen. Vor vier Jahren war das Wetter bei unserem Besuch dort so traurig, wie es eben nur sein kann, wenn man weiß, was damals geschah.

Am 16. April 1746 hat sich dort nämlich eine der schrecklichsten Schlachten der damaligen Zeit abgespielt. Es standen sich die Clansman der Jakobite-Army und die Redcoat der Gouvernement Army gegenüber. Binnen einer Stunde verloren über 700 Highländer ihr Leben. Ihr Anführer – „Bonnie Prince Charlie" – erlitt mit seinen Männern eine vernichtende Niederlage.

Die Gedenkstätte in Culloden hat es in sich. Dort gibt es ein Kino, auf dessen vier Wänden ein Film über diese Schlacht abläuft. Man ist sozusagen „mittendrin", wenn die Schlacht tobt, die Kugeln sirren und die Kanonenkugeln explodieren. Die Personen im Film sind lebensgroß – es ist hart, dies alles mit ansehen zu müssen.

Da wir diesen Film beim letzten Mal schon gesehen haben, besuchen wir heute das Schlachtfeld. Dort stehen Steine als Erinnerung an die Clans, die dort gefallen sind und Fahnen markieren die Positionen der gegnerischen Parteien.

Wenn man dies alles weiß, ist es schon sehr bedrückend, wahrscheinlich auch für das Wetter so sehr bedrückend, sich hier jeden Tag an alles erinnern zu müssen, dass es auch heute wieder anfängt zu regnen. Hallo – ja heute lernen wir etwas Neues von Schottland kennen – seine berühmte Art von Regenschauern in Sturzregen-Charakter. Trotz sicherheitshalber mitgeführten Schirms werden wir auf dem Battlefield von den Knien bis zur Schuhsohle so ziemlich klitschnass. Aber auch dafür ist Schottlands Wetter berühmt – so schnell wie der Regen kam - so schnell ist er auch wieder weg.


Von Russel und Ellen hatten wir noch den Tipp bekommen, uns ganz in weiterer Nähe mal **„Clava Cairns"** anzusehen. Einzelne Steinkreise haben wir ja schon reichlich in Irland und Schottland gesehen, aber hier gibt es gleich mehrere davon – schon 4000 Jahre alt und alle gleichmäßig mit ihren Zugängen in eine Richtung gebaut.

Schon auf der Weiterfahrt zu den „Steinen" schien wieder die Sonne. Und ein weiteres Highlight steht auf unserem Programm. „**Cawdor Castle**" kennen wir zwar schon, aber es bietet sich an, dort Kaffee zu trinken, natürlich mit den beliebten Zutaten. Da kann auch ein erneuter Bummel durch die schönen dazugehörigen Gärten nicht schaden, schließlich sind wir nicht nur wegen dem Kaffee hier.

Es gibt dort auch einen kleinen Laden mit Geschenken und Büchern. Wir kommen mit der Dame dort ins Gespräch, natürlich auch darüber, dass ich schon einige Bücher geschrieben habe. Auf Nachfrage erkläre ich ihr kurz, worum es in den Schaf-Geschichten geht. Dabei kommen wir auch auf „Sheep Fight For Freedom" zu sprechen.

Die Dame ist so interessiert, dass ich zum Parkplatz gehe und ihr ein entsprechendes Exemplar hole und schenke. Nach kurzem Einblick erzählt sie uns, dass die Herrin vom Schloss – Lady Angelika Cawdor - sich intensiv um die dortigen Bücher kümmert, wenn sie denn mal am Ort weilt. Mein Buch wird sie sicher interessieren, sie wird es garantiert erhalten – man wird sehen, was wird.

Zurück in Inverness und einer kurzen Verschnaufpause gehen wir wieder über die Fußgängerbrücke in die City. Wir empfanden die Geschäftsstraße nicht als sehr einladend, aber wir haben diesen Gang eingeplant, damit wir dann rechtzeitig in der Nähe sind, um auch heute wieder im „Mustard Seed" zu essen.

Bis es soweit ist, genießen wir auf einer Bank am Ufer des „Ness" den Blick und das schöne Wetter. Dann ist es soweit – wir bekommen wieder einen schönen Tisch oben auf der Empore. Für Helga gibt es Seezunge, für mich Lachs. Es lag auf keinen Fall an der Seezunge, so hart war die nicht, sondern sehr gut. Was war passiert? Ein Stück von Helgas Zahn hatte sich selbständig gemacht! Zum Glück trat nicht gleich ein Schmerz auf – war wohl ein Stück vom Rand. Wir konnten unser Essen und Getränke auch heute wieder voll genießen.

Da es schon der letzte Abend vor der Weiterreise ist, besuchen wir noch einmal unseren Stamm-Pub am Ness. Zu unserer großen Freude gibt es – unangekündigt – auch heute wieder Live-Musik. Fiddle und Gitarre, natürlich mit leckeren Guinness, runden also diesen Abend ab, Zahnschmerzen bleiben auch aus – danke.

------------

# 9. September 2017

Es ist trocken – ab und zu schaut die Sonne auf uns. Wir bedanken uns bei Ellen und Russel, auch für die nette Karte, die in unserem Zimmer lag und natürlich auch noch einmal für „Allister". Beim Frühstück können wir den beiden auch etwas Neues berichten.

Einige Zeit vor unserer Schottland-Reise hatte ich das Englisch-Buch auch an folgende Adressen gesandt:

a) Their Royal Highness ( nach Balmoral-Castle, weil dort die Queen im August und September weilt),

b) Their Royal Highness (zum Kensington-Palace an Prince William, Princess Kate und Prince Harry, weil die Drei im Buch vorkommen)

Wir konnten nach einem Gespräch mit unserer Nachbarin in Deutschland somit Ellen und Russel berichten, dass schon **„Königliche Post"** zu Hause angekommen ist – **aus dem Kensington-Palace**, mit einem sehr netten und freundlichen Brief (Private and Confidential = Office of TRH  -   The Duke and Duchess of Cambridge and HRH Prince Harry ) und einem großen Danke für das Buch.

Da waren unsere Gastgeber ziemlich baff, dass ich das gemacht – gewagt – hatte.  Aber ab und zu mache ich eben solche „Experimente", um zu sehen, was so dabei heraus kommt.  Und man sieht - die erfolgte Antwort von „so" einer Adresse, das ist schon ein tolles Gefühl.

Gegen 10 Uhr ist der Abschied endgültig. Wir fahren gen Norden.  Unser Ziel ist „**Bettyhill**".


Aber zunächst machen wir in Dornoch Station. **Dornoch** kennen wir auch bereits; dort hatten wir 2015 im „The Old Bank House" gewohnt. Aber der Ort ist kein Umweg und für eine Pause recht lohnenswert.  Lohnenswert?  Gut – wir haben unseren Imbiss dort eingeplant.  Außerdem gibt es dort eine Kathedrale, in der Prince Charles eines der neuen Fenster eingeweiht hat.  Von außen ist kaum zu glauben, was einen drinnen erwartet. Da ist wirklich Staunen angesagt.

Beim Rundgang durchs kleine Dornoch erinnern wir uns noch gut daran, wie wir „**bei Luigi**" italienisch gegessen haben – und schottisches „Dragonheart"-Bier genossen.  Nach unseren Aufzeichnungen aus 2015 ergibt sich, dass Helga Heilbutt auf Risotto bestellte und ich ein Rip-Eye-Steak.

Auch an das sehr leckere Abendessen im „**Castle Hotel**" dort erinnern wir uns sehr gern. Die Bar dort verfügt über eine große Whisky-Auswahl, von der ich damals „probiert" hatte – den Whisky ( pro Glas ! ) für 99 Pfund hatte ich aber ausgelassen.

Und noch eine schöne Erinnerung gibt es, da wir von Dornoch aus das **Dunrobin-Castle** im Norden besucht hatten, sehr lohnenswert! Wenn man dort schon mal da ist, in einem weiteren Gebäude im schönen Park, wo auch Falkner-Shows stattfinden, gibt es ein Museum, wo sehr viele Tiere aus der ganzen Welt bestaunt werden können – natürlich leider nur als Trophäen; aber Auge in Auge mit zum Beispiel einem Krokodil – das ist dann auch gut so.

Für unseren Stopp in Dornoch haben wir uns ein sehr nettes Cafe ausgesucht. Die Cappuccino sind hervorragend, der Erdbeerkuchen mit Sahne ( ja richtig gelesen, heute mal keine Scones ! ) ist super-lecker. Das Cafe hat außerdem „sehr hübsche Geschenkartikel", und für unsere liebe Nachbarin, die unseren Kater Tobi versorgt, fällt da auch etwas ab. Mit diesen schönen Eindrücken versorgt - fahren wir weiter gen Norden.

Nach ein paar Kilometern biegen wir in Richtung Lairg ab. Begleitet vom Sonnenschein fahren wir ein langes Stück am „**Loch Naver**" entlang, sehr einsam. Nur eine Gruppe Radfahrer kreuzt unseren Weg - und ( natürlich ! ) S c h a f e .

Die Schafe auf der vorherigen Seite sprachen übrigens einen derart fremden Dialekt, dass wir sie nicht verstanden haben, auch nicht auf mehrfache Nachfrage. So konnten wir auch nicht eindeutig erfahren, ob sie in dem Wohnwagen auf dem vorseitigen unteren Foto wohnen.

Nach dieser landschaftlich wieder sehr schönen Tour sehen wir unser Ziel vor uns. Auf einem Hügel mit Blick auf die See liegt das „**Bettyhill Hotel**", unser Ziel für die nächsten zwei Tage.

Zu unserer Überraschung werden wir auf Deutsch empfangen – von Chris. Es stellt sich heraus, dass er eine deutsche Mutter hat. Diese hat seinen Vater in Gütersloh beim Militär kennen gelernt. Nach Dienstende haben die beiden in Bettyhill das Hotel übernommen und es nach und nach wiederbelebt.

Chris serviert uns Cappuccino, die wie Gemälde aussehen, dazu Scones mit Erdbeeren und Sahne.

Zum Abendessen gehen wir ins Restaurant. Wir vernaschen eine fantastisch schmeckende Tomatensuppe und runden die mit Ribeye-Steak und Lachs ab. Für Helga gibt`s Wein aus Chile und für mich – na: kühles Guinness vom Fass.

Einen letzten Absacker gibt`s noch zum Schluss im angeschlossenen Pub. Es ist Samstag, uns ist es zu voll, alle wollen wohl das Ende der Arbeitswoche feiern. Nach den ruhigen Unterwegs-Erlebnissen heute ist dies ein krasser Gegensatz. Wir gehen früh schlafen – muss auch mal sein.

-----------

# 10. September 2017

Der Frühstücksraum ist ziemlich voll, das Frühstück selbst ist aber wie immer und überall – wo wir waren - sehr gut. Morgen werden wir etwas eher frühstücken. Heute scheinen wir in die Stoßzeit geraten zu sein, so dass alles etwas länger dauert. Hier sind die unterschiedlichsten Gäste aus wohl aller Welt vertreten, von den USA angefangen über Japan, Europa und Osteuropa.

Wir haben uns für heute vorgenommen, den nordöstlichsten Punkt Schottlands zu besuchen - **John o` Groats.** Dort gibt es auch das nördlichste Haus in Schottland. John o` Groats ist schon eine merkwürdige Sache. Gegründet wurde es von einem Holländer, der ein ziemlich unübliches Gebäude dort hinstellen ließ.

Von dort aus ist es mit der Fähre nur ein paar Meilen zu den **Orkney Inseln.** Es ist allerdings so stürmisch dort oben, dass wir gar nicht erst auf die Idee kommen, vielleicht für ein paar Stunden die Inseln zu besuchen. Ob der Holländer auch für die regelmäßige Fährverbindung verantwortlich ist, das kann sein, denn ein „Fliegender Holländer" soll dort nicht gesehen worden sein.

**- John o`Groats –** (….und Helga)

Und auch auf der Rückfahrt nach Bettyhill gibt es immer wieder sehenswerte Momente – mal wunderschöne Landschaften unten, dann malerische Himmelansichten in den oberen Etagen.

Nach unserer Rückkehr gönnen wir uns erst einmal einen Nachmittagschlaf. Die viele frische Luft und die vielen gesammelten Eindrücke sind zwar allesamt wunderschön, fordern aber doch auch manchmal ihren Tribut – und der heißt jetzt: Beine lang machen, ausruhen, Bilder im Kopf speichern.

Wir staunen nicht schlecht, denn vor unserem Hotel parken mehrere Motorräder. Nein – diese Kraftprotze sind es nicht, es ist ein bestimmtes Nummernschild, das unsere Aufmerksamkeit erregt. Das **Kennzeichen** lautet auf **WAF........** ! Das haben wir auch, also mal schauen, welcher Motorradfahrer sich dahinter wohl verbirgt.

Das haben wir auch schnell heraus. Der WAF-Mann ist aus Oelde – fast aus unserer Nachbarschaft. An diesem Tag stellt sich heraus, dass zurzeit insgesamt somit 11 Deutsche im Hotel sind.

Im schönen Esszimmer genießen wir später wieder unser Dinner. Für Helga gibt es etwas mit Scampi, für mich Beef-Lasagne – beides wieder sehr lecker. Die Bar ist heute nicht überfüllt – am Sonntag schien es uns übrigens überall der ruhigste Tag zu sein.

Auch der Chef des Hauses ist dort, mit dem wir ins Gespräch kommen – der mit der deutschen Frau. Wir reden auch über unsere PR-Aktion wegen dem englischen Schaf-Roman. Er notiert sich dies alles, sehr interessiert und meint, dass er das Buch sofort ordern wird – als Buch oder als E-Book.


An der Theke sitzt ein deutscher junger Mann, der mit dem Fahrrad unterwegs ist. Es ist Jochen aus Detmold. Meistens übernachtet er auf Campingplätzen, heute ist er aber hier, damit seine Sachen einmal allesamt ganz trocken werden, denn als Radfahrer war er in den letzten Tagen doch ziemlich den Naturgewalten ausgesetzt. Da reicht dann manchmal ein einziger „schottischer Guss".

Bei diesen netten Gesprächen sitzt heute ein Guinness mehr dran und zum Schluss trinken wir alle zusammen noch einen leckeren schottischen Single-Malt. Heute ist es spät geworden, und unsere Körper danken es uns, als wir dann langgestreckt in die Betten fallen.


------------

# 11. September 2017

Weiter geht es heute nach Ullapool. Wir kennen diese wunderschöne Strecke über die Nord- und dann die Küstenroute runter und wollen sie unbedingt noch einmal erleben.

Über **Tongue**, wo wir 2015 auch schon zweimal im Tongue-Hotel übernachtet hatten (Erinnerung = sehr leckeres Essen dort im Restaurant) fahren wir am **Loch Erboll** lang zunächst bis Durness. Bei neuen Cappuccino lassen wir den alten Frühstücks-Kaffee hier raus und haben jetzt Zeitreserven für die auch weitere traumhaft schöne Strecke, die vor uns liegt.

**Kylesku** ist unser nächster Halt. Dort gibt es einen Meeresarm-Einschnitt - wie an einem kleinen Fjord sieht es dort aus. Auch ist das kleine Hotel dort am Wasser unser Ziel, denn hier haben wir eine „Soup of the day" eingeplant.

Wir können diese Strecke wirklich jedem empfehlen, der Sinn für eine schöne Natur hat, und wer hat die nicht, der nach Schottland in die Highlands fährt.

- 48 -

Ja – vor allen die **Single-Track-Roads** sind für Mensch und Maschine eine nette Herausforderung. Zum Glück gibt es genug „**Passing Places**", bei denen man bei Begegnung aneinander vorbei kann, denn normal reicht der Platz dort nicht einmal für ein Motorrad und einen PKW aus. Es ist dort wirklich abenteuerlich, denn Schilder mit 15 % sind keine Seltenheit. Wir wissen aber, dass diese Schilder noch zu toppen sind, denn das haben wir uns für den nächsten Tag aufgehoben.

Vorbei am „**Loch Assynt**" mit seiner Burgruine schauen wir nach weiterer schöner Fahrt im Sonnenschein auf **Ullapool** hinunter. Und wir wissen ja auch schon, wer auf uns wartet. Es sind Donnie und Fiona vom „Waterside House", die auch unsere Schafe mit ihren Büchern schon kennen. Unser Corsa schaut vom Privatparkplatz aus wieder direkt auf die See. Hier fährt auch die Fähre zur „**Isle of Lewis**" ab – zu den „**Äußereren Hebriden**".

Fiona sagt: „Geht schon mal hinauf. Ihr habt wieder das Zimmer mit der 3." Während sie das sagt – lacht sie. Und sie lacht auch weiter, während wir die eine Treppe hinauf gehen.

Als wir die Tür zum Zimmer öffnen, sehen wir dann auch sofort, warum das so ist. - siehe Foto -

Wie bereits gesagt, unsere Gastgeber kennen uns und die Schafe.     Und jetzt lachen auch wir, denn das geht ja gar nicht anders, was wir da sehen. Fiona und Donnie haben von einem Irland-Besuch eine sehr interessante Überdecke für das große Bett mitgebracht.

Eine große Schaf-Herde liegt also auf unserem Bett und wartet bereits auf  McGregor und Bunglass. Vielleicht wollen die Schafe uns ja am Abend auch beim Einschlafen helfen, indem wir sie zählen.

Auch dies hier ist wieder ein Beispiel für die **ausgesprochen tolle Gastfreundschaft**, wie wir sie hier in Schottland ( aber auch in Irland ) immer und überall erlebt haben. Und Geiz haben wir dort erst recht niemals festgestellt.     Im Gegenteil, eigentlich wurde jeder Wunsch, wenn nicht geäußert, von den Augen abgelesen.

Alle Gastgeber – sowie auch alle anderen, die wir außerhalb unserer Häuser trafen – waren ausnahmslos hilfsbereit und taten alles, um uns bei Fragen zu unterstützen und weiter zu helfen.

Nach einem Rundgang durch den Ort essen wir heute Abend im „**Ceilidh Place**", auch einem richtig guten und netten Restaurant, das wir uns beim letzten Ullapool-Besuch schon ausgesucht hatten.

Im Hotel „Argyll" gibt es ab 21 h Live-Musik. Abwechselnd werden Gitarrenstücke mit Gesang gespielt und dann wieder Balladen-Gesang geboten.

Der schon betagte Balladen-Sänger hat wohl viel Zeit und Luft. Seine Stücke sind immer enorm lang. Fast alle Lieder handeln von der See, vom Krieg und der Not. Wenn wir auch nicht alles verstanden haben, wir hatten den „Eindruck", dass er selbst bei der Kriegsmarine war und außer Schiffen auch gleich jegliche zu erwischende Tonne auf See versenkt hat. Irgendwie war auch einmal die Elbmündung im Spiel. Vielleicht war „er" es ja auch, der für die Ausschachtung der Elbe verantwortlich ist, weil er eben dort so viel versenkt hat – vom Alter her war es wohl eher sein Vater.

Seine langen Lieder konnte man sich bei frisch gezapften Guinness aber trotzdem gut anhören, auch wenn man als Deutscher nicht gerne in jedem zweiten Lied hört, dass er deutsche ( ? ) Bojen und sonst noch anderes versenkt hat.

Und dann hatten wir auf dem kurzen Heimweg zu Fuß unsere zweite Begegnung mit einem schottischen Regenüberfall.

Hätten wir auf den Abschluss-Drink verzichtet, wären wir wohl noch trocken die 300 Meter bis nach Hause gekommen. Aber wenn zum Abschluss ein „Bunnahabhain" lockt, können Single-Malt-Kenner wohl kaum ablehnen. Und selbst wenn der Regenschauer ersichtlich kommen „könnte", was soll`s - kein Grund zum vorzeitigen Aufbruch. Es war ein guter Abschluss im Argyll.

Draußen war es dann – wie gesagt – das Gegenteil von gemütlich. Der Platzregen siegte über unseren Schirm, der kam nämlich ziemlich waagerecht unter unseren Schirm gefegt, und die Nässe zog sich wieder von den Knien bis zu den Schuhen hin. Wir waren in etwa 20 Sekunden nass, bevor wir uns unterstellen konnten. Wir haben uns nur angesehen und gelacht – wir sind in Schottland, wir haben Urlaub, es war ein schöner Tag und ein schöner Abend.

Gegen 23.30 h liegen wir im trockenen Bett. Zum Schafe-Zählen sind wir zu müde – gute Nacht.

------------

# 12. September 2017

Helga hat sich zum Frühstück Waffeln mit Schinken und Sirup bestellt. Und auch das Früchteangebot schon am Morgen ist einfach toll. An den weiteren Tischen sitzen zwei Paare aus den USA und aus Köln. Da McGregor mit am Tisch sitzt, kommen wir natürlich auch bald auf die Schaf-Geschichten zu sprechen. Die junge Frau aus Köln sagt uns später, dass sie sofort im Netz nachgesehen und das englische Buch gleich „bestellt" hat.

Gut gestärkt brechen wir heute zum angekündigten Steigungs-Extrem-Weg auf. Zunächst geht es wieder ein Stück rückwärts nach Norden. Wir biegen dann nach links in die schmale Single-Track-Road ab, die über **Drumbeg** nach **Lochinver** führt. Diese abenteuerliche enge Straße ist zum Beispiel für Coaches gesperrt. Außerdem gibt es noch einige andere Hinweis-Schilder, die für uns mit unserem Corsa aber nicht weiter wichtig sind. Außerdem kennen wir diese Straße bereits vom Urlaub 2015 her. Im Juli und August würden wir diese Strecke nicht befahren; im September ist es merklich ruhiger. Aber nur ein paar Kilometer weiter erfahren wir - es reichen auch jetzt schon zwei Fahrzeuge, die Probleme bereiten können.

Wir hatten schon seit Tagen festgestellt, dass in diesem Jahr wesentlich „mehr Wohnmobile" unterwegs sind. Und wir kommen zu einer Stelle, an der sich zwei davon „begegnen". Es sind ziemlich große Mobile, und die kommen trotz Passing-Place, der gerade für einen Pkw reicht, nicht aneinander vorbei.

Das Mobile vor uns hat sich bereits links im Schlamm festgefahren, weil es den Asphalt der schmalen Straße verlassen hat, das entgegenkommende Mobile hat auch schon alles eingeklappt, was es kann und bemüht sich, um irgendwie vorbei zu kommen.

Wir schließen bis auf fast einen Zentimeter auf, und schließlich gelingt es dem Entgegenkommenden irgendwie am anderen Mobile und an uns vorbei zu kommen. Hinter uns wartet Sekunden später bereits ein weiteres Mobile. Der Fahrer steigt aus und die beiden werden sich helfen. Wir können weiter und kommen als Pkw schon schwer vorbei. Helga sagt noch zu den beiden Mobilleuten, ob sie wüssten, dass das steilste Stück mit Engpass noch vor ihnen liegt. Ob es ihnen die Sprache verschlagen hat? Jedenfalls gab es darauf keine Antwort.

Auf unserer Weiterfahrt gibt es fantastische Natur, Berge von 980 Metern, eine atemberaubende Küste, viele Lochs.    Auch viele „Blind Summits" gibt es. Das sind Hügelkuppen, zu denen man fast blind hinauf fährt, weil man nicht sehen kann, wie die Straße    dahinter    weiter    verläuft. Was noch wichtiger ist – kommt da jemand entgegen?    Hätten wir ein Cabrio, so wäre mein Hals manchmal noch höher durchs Dach gegangen, um vorausschauend zu fahren.

Im Jahr 2015 hatten wir nach 10 ( ! ) Sonnentagen mit entsprechend wunderschönen Aufnahmen - auch von dieser Strecke - unsere Kamera verloren. Wahrscheinlich war sie bei einem Halt aus der Seitentür gefallen.    Auch deshalb wollten wir ja diese heutige wundervolle Strecke noch einmal fahren.    Heute ist leider kein so schönes Fotowetter wie damals.    Aber die Natur entschädigt uns, Wolken und Sonne wechseln sich wenigstens ab.

**Und dann kommt sie, die Stelle, wo das Schild mit den 25 % steht.**    Nach dem letzten Urlaub in Schottland mussten gleich die Bremsscheiben mit ausgewechselt werden, obwohl eigentlich nur die Belege so vorgesehen waren.    Aber die schottischen Höhenunterschiede und Bremsen bei engem Gegenverkehr hatten ihren Tribut verlangt.

!!!!!!!!!!!!!!!!!!!!!!!!!!!!!!!!!!!!!

Für die Fahrten kann man getrost immer sehr viel Zeit mehr einplanen, als man so meint. Denn es gibt so viele Stellen, wo man einfach halten muss. Hinter jeder Kurve sieht die Landschaft anders aus. Berge wechseln sich mit Tälern ab, die Küste, die Lochs mit ihren blauen oder grünen Farben zwingen einen einfach zum Anschauen.

Unbeschadet und doch ein wenig entspannter im Autositz als noch die letzten beiden Stunden kommen wir in Lochinver an.

Im Restaurant mit den grünen Schlagläden gibt es für uns eine gute Mahlzeit. Wolfgang probiert hier endlich mal den „Plog man's Plunch", weil er schon so viel darüber gelesen hat, den es aber bis jetzt nirgendwo gab. Die Kutscher sollen dies in früheren Zeiten so oft gegessen haben.

Statt Brot, einer dicken Scheibe Käse und Apfel besteht diese Mahlzeit hier aber aus ziemlich viel. Allein zwei gefüllte Baguettes und mehr wollen als „Kleinigkeit" ( ? ) gegessen werden. Aber es ist alles sehr lecker. Helga hat mit ihrem Gericht „Soup of the day" mit zusätzlichem Scone, der hier dazu gehört, auch ziemlich zu kämpfen. So geht die Fahrt gut gestärkt nach Ullapool zurück.

Zurück fahren wir aber nicht wieder diese Hinfahrt-Strecke, sondern nehmen die große Straße. Abenteuerliches reicht uns für heute, außerdem sind wir diese Strecke ja nicht nur einmal gefahren.

Außerdem sind wir auch schon lange genug unterwegs. Die Landschaften sind einfach zu schön, da dauert es auch schon mal länger, weil man fast hinter jeder Kurve anhalten könnte. So haben wir mal für 100 Kilometer in den Bergen an die 5 Stunden gebraucht – aber jede Minute davon war schön und hat sich gelohnt.

Heute Abend geht`s in „**The Arch**", ein Restaurant, das wir auch schon kennen. Die Fußwege in Ullapool sind wunderbar kurz. Wir gehen aus der Tür, gut einhundert Meter weiter rechts sind wir schon da. Helga sucht sich „Roasted Duck mit Linsen" aus, ich bestelle mir „Fish and Ships", die mir aus 2015 noch als sehr gut und lecker in Erinnerung sind. Es ist eine Riesenportion Fisch und ich sage zur Bedienung: „Das ist ja ein halber Delfin!" „Ein halber Wal", scherzt sie zurück.

Wir gelangen trocken nach Hause – was war das wieder ein sehr schöner Tag.

------------

# 13. September 2017

Nach dem Frühstücksplausch mit den Kölnern und dem Ehepaar aus Ohio verabschieden wir uns von Ullapool. Zunächst ist es grau, aber trocken - dann kommt die Sonne heraus. Wir sehen tolle Landschaften und fahren zunächst Richtung „Isle of Sky", obwohl das heute nicht unser Ziel ist.

Aber auf dem Weg zu unserem heutigen B & B in Fort Augustus kommen wir so am **„Eilean Donan Castle"** vorbei, immer ein guter Haltepunkt für uns und bei jedem Schottland-Besuch eingeplant. ( **Castle = siehe Titel-Foto** )

Für den Nachmittagkaffee ist es noch ein wenig früh, so gönnen wir uns ein Eis auf die Hand – und das mit dem Blick aufs Castle, das schon für viele Filmaufnahmen hergehalten hat, zum Beispiel für einen James-Bond Film.

Auf unserer Weiterfahrt werden wir plötzlich gestoppt. Wir stehen in einem Stau, was wir bisher weder in Irland noch Schottland erlebt haben. Der Grund ist dann erst später ersichtlich. Der Verkehr wird einspurig an riesigen Lastern mit Zubehör für Windräder vorbei geleitet.

Ursprünglich wollten wir wieder in „Fort William" übernachten, aber leider steht das dortige B & B nicht mehr zur Verfügung. So treffen wir im „**The Holt**" in **Fort Augustus** ein.

Unser heutiges Haus kennen wir noch nicht, aber wir werden auch hier wieder sehr freundlich von Phil und Clare empfangen und erhalten auch gleich Tipps für den Abend. Das B & B liegt sehr schön an einem Fluss und man sieht vom gläsernen Frühstücksraum aus direkt auf die Reste eines Eisenbahn-Viadukts.

Einen Tipp, den wir auch schon von unseren deutschen Freunden Matthias und Silvia bekamen, probieren wir auch sofort aus, da es uns jetzt nach Kaffee dürstet und einer weiteren Kleinigkeit auch nicht abgeneigt sind. Auch hier in Fort Augustus sind die Wege wieder erfreulich kurz.

Wir gehen die paar Minuten zum **Restaurant „The Boatshouse"**. Ach ja, unterwegs wurden wir zum dritten Mal in diesem Urlaub nass. Das Restaurant gefällt uns sehr gut. Es ist ein Holzbau mit einer optisch sehr schönen Balken-Holz-Decke. Wir sehen uns die Karte an und bestellen gleich für den Abend einen Tisch.

Auf dem vorseitigen Foto sitzt Helga an einem der Außentische des Restaurants – direkt am **Loch Ness.** Das ist ja in unmittelbarer Nähe zu „Nessi" – und das würde auch den etwas zweifelnden Blick in ihrem Gesicht erklären: „Geht das auch gut hier?"

Und schon bald machen wir uns erneut auf den Weg dorthin – diesmal trocken.  Wir genießen ein sehr leckeres Abendessen, und natürlich gibt es auch dort leckere Guinness.

Auf dem Weg zurück zum B & B  wollen wir noch einen Stopp einlegen, aber überall ist es uns zu voll. Wir hätten lieber noch länger im Boatshouse bleiben sollen.  Aber was soll's - gehen wir heute mal wieder etwas früher schlafen.  Man weiß ja nie, ob noch lange Abende oder Nächte in Schottland auf einen warten.

------------

# 14. September 2017

Das Frühstück ist auch hier wieder sehr lecker. Wir schauen im Sonnenschein nach draußen, auf das malerische Viadukt und den schönen Fluss. Am Nachbartisch sitzt ein deutsches Ehepaar. Einschließlich Phil und Clare singen wir ein „Happy Birthsday", da unser Tischnachbar Geburtstag hat.

Gegen 10 h geht unsere Fahrt bei schönstem Wetter weiter. Wir kommen jetzt durch Fort William, denn unser Zielort heißt zum zweiten Mal in diesem Urlaub Pitlochry. Wir fahren deshalb diese Strecke, da wir noch einmal durchs „Glencoe-Tal wollen, ein sehr schönes und malerisches Tal – und sehr geschichts-trächtig.

In der Ski-Station halten wir uns nur kurz auf, denn wir haben unseren Kaffee ein Stück weiter eingeplant. Wir erinnern uns, dass es eine sehr schöne Strecke ist – nach **Killin**. Dahin begleitet uns auch weiter der Sonnenschein – sehr nett von ihm. Etwas die Füße vertreten, dann unsere geplante Pause durchführen, noch eine letzte Ansichtskarte gekauft, dann fahren wir weiter.

**- im Glencoe – Tal –**

**- auf der Brücke in Killin** ( und Helga ohne Nessi )

Weiter geht es durch – man muss es einfach immer mal wieder sagen, sorry - sehr schöne Landschaften. Unsere Strecke führt am „**Loch Tay**" entlang. Und kurz vor dem „Loch Tummel" in der Nähe von „Aberfeldy" bekommen wir in einer „Safari-Station" unsere Kleinigkeit – diesmal für beide eine Soup of the day und Cappuccino.

**In Pitlochry** werden wir wieder von Diane und Graeme im „**The Claymore Guest House**" begrüßt – auch da waren wir schon einmal vor zwei Jahren. Wir bekommen ein großes Zimmer - Nr. 8. Vor zwei Jahren hatten wir ein noch viel größeres, in dem wir sogar Federball hätten spielen können. Diane hat uns sehr freundlich gebeten, ob wir jetzt die Nr. 8 nehmen können, da sie Gäste hat, die zwei Wochen da bleiben. Das haben wir auch sofort akzeptiert, denn erstens ist Nr. 8 vollkommen in Ordnung und wenn Gäste so lange bleiben, dann sollen sie ihren Aufenthalt auch im größten Zimmer genießen – alles ist gut.

Abendessen gibt`s wieder im „**The Mill Inn**". Das Restaurant ist uns ja noch bestens vom 4. September in Erinnerung. Dort gibt`s heute mal für uns beide „Pork Belly" – Fleischtürme auf Gemüse. Zum Abrunden gibt`s Cappuccino. Nach kurzem Heimweg fallen wir müde ins Bett.

# 15. September 2017

Sonne, wieder super leckeres Frühstück –
auf in den neuen Tag. Heute wollen wir
versuchen, ob wir einen unserer Lieblings-Musiker
treffen können. Nach dem Internet soll zumindest
seine Frau in **Dunkeld** einen Shop haben.
Und wenn wir großes Glück haben,
dann ist auch **Dougie MacLean** eventuell dort.
Wir haben fast alle seine CD`s.

Zunächst gibt es aber eine Enttäuschung,
denn wir hören in Dunkeld, dass das Geschäft
schon länger nicht mehr existiert – das Internet ist
wohl nicht immer aktuell.

Dann gibt es aber eine schöne Überraschung,
und es ist so, dass wir ohne Dougie wohl nicht nach
Dunkeld gefahren wären. Also – wir kommen dort
an der „Old Church" vorbei, und es ist fast eine
Pflicht für uns, auch hinein zu gehen.
Schließlich kann man sehr oft von außen nicht
sehen, was sich dort im Inneren verbirgt.

Und auch hier ist das Kirchen-Innere wieder eine
Überraschung. Denn - es ist gar keine Kirche mehr.
Drinnen verbirgt sich ein antiquarisches-Geschäft.

Hier gibt es viel zu bestaunen. Das Angebot ist fantastisch, denn es gibt Sachen, die wir noch nie so gesehen haben. Und gleich stellt sich heraus, dass es gut war, hier wieder neugierig zu sein. Unsere Freunde zu Hause können sich schon auf ein Geburtstags-Geschenk freuen, das ihrem Hobby entsprechend sicherlich gefallen wird.

Dunkeld hat eine hübsche Geschäftsstraße. An den meisten Häusern hängen Blumenampeln. Nach einem Bummel mit Besuch von einigen weiteren Geschäften gehen wir zum Fluss Tay und spazieren noch eine Weile durch den Park an einer weiteren großen Kirche.

Es ist noch keine Kaffeezeit, und so fahren wir zu unserem nächsten vorgenommenen Ziel. Es sind nur einige Kilometer bis **Kenmore** am Loch Tay. Dieses Mal kommen wir von der anderen Seeseite dort hin. Unser Ziel ist es auch, Station am „**Taymouth Marina Restaurant**" zu machen. **Mit Blick auf Loch Tay** serviert man uns mal wieder unsere Lieblings-Nachmittags-Speisen – aber auch wieder auf eine etwas andere Art, so dass es nie langweilig wird, auch wenn man denkt „Wie können die denn dauernd das essen!" Wir mögen es einfach, und im jeweiligen Land schmeckt es immer frisch am besten.

Zurück geht es dann über **Aberfeldy,** wo wir noch einen Halt geplant haben. Dort gibt es den „Bookshop of the year", der auch ein interessantes Cafe hat. Mit dem dortigen Chef habe ich ein interessantes Gespräch über mein Buch. Er ist sehr interessiert und will es auf jeden Fall lesen. Somit lasse ich ihm ein Exemplar da.

Zurück in Pitlochry bummeln wir noch einmal durch das Städtchen und erledigen letzte Einkäufe. Zum Abendessen haben wir heute einen Tisch im **„The Aud Smiddy Inn"** bestellt. Bestellen haben wir uns zur Pflicht gemacht, denn die Erfahrungen haben uns gelehrt, dass in Irland und Schottland selbst ganz junge Leute schon früh zum Dinner gehen. Wer also „seinen" Tisch sicher haben will, der sollte vorher buchen. Für Helga gab es „Lachs mit King Prowns", für mich hatte ich „Fish and Ships" vorgesehen und auch bekommen.

Auch dieses Restaurant ist uns bereits bekannt, und an das gute Essen von 2015 können wir uns noch gut erinnern. Das ist auch heute wieder so. Guinness gibt es dieses Jahr hier nicht mehr, aber empfohlen wurde ein „Benhaven`s Black", was wirklich auch sehr lecker war.

Noch ein letzter Rundgang ist fällig, denn morgen verlassen wir Pitlochry Richtung Süden. Wie jedes Mal in Pitlochry gibt es im „The Mill Inn" das letzte Abschluss-Guinness. Dann fordern die vielen Eindrücke und die viele frische Luft erneut ihren Tribut. Müde fallen wir ins Bett – Gute Nacht Pitlochry.

------------

# 16. September 2017

Wir verlassen die Highlands.   Unser Ziel für die letzten zwei Übernachtungen heißt **Dumfries** – gehört immer noch zu Schottland.

Auf unserem Weg nach Süden erinnern wir uns noch gut an 2015, wo wir einen Zwischenhalt im „**Doune Castle**" einlegten.   Dort wurden auch schon mehrere Filme gedreht, zum Beispiel ein Film der Monty Python Truppe.   Aufmerksam wurden wir aber durch die erste Staffel von „**Outlander**". Das ist die Verfilmung der Bücher einer sehr bekannten Schriftstellerin.   Wir kennen alle Bücher dieser Reihe und die bisherige Verfilmung ist wirklich gut gelungen.   Wir sind gespannt darauf, wie die nächste Staffel sein wird, in der wohl auch Culloden vorkommen wird.   Doune Castle ist noch gut erhalten.   Wir können bis nach oben auf den Turm.   Und es ist ein ziemliches Gefühl im Saal zu stehen, in der ein Teil des Filmes spielt.

Doch heute fahren wir weiter nach **Stirling,** da wir auch dort ein bestimmtes Ziel geplant haben. Unser Ziel dort ist „**Bannockburn**", ein Zentrum,     wo an die damalige Schlacht erinnert wird und die Schotten siegreich waren.

Mit 3-D-Brillen ausgerüstet (nicht umsonst !) kann man in einem Schauraum an Teilen der Schlacht teilnehmen. Pfeile sirren durch unsere Gruppe und Reiter erscheinen zwischen uns. Danach geht es in einen anderen Raum, wo die Besucher in zwei Gruppen aufgeteilt werden. Auf einem Schaubrett können diese beiden Gruppen ( Engländer oder Schotten ) dann Spielzüge benennen, ihre Soldaten einsetzen und somit den Ausgang der Schlacht bestimmen. Für uns war das nicht so interessant, vielleicht haben wir aber auch einiges ( in Englisch ) nicht verstanden. Wir fanden aber die Sicht auf das „Schlachtfeld" und die dortigen Truppen nicht gut, denn wo wir saßen war es genau die Höhe, die auch das Ereignisfeld hatte. Sicherlich hat es daran auch gelegen, der Animateur, der alles leitete, hat sich jedoch große Mühe gegeben.

Wir müssen sagen, unsere Meinung ist, Culloden war wesentlich interessanter.


2015 hatten wir auf dem Weg nach Süden hinter Stirling einen Halt in **Falkirk** gemacht. Dort gibt es ein sehr interessantes Gebilde. Das „**Falkirk Wheel**" ist ein wahres Wunderwerk der Technik und wurde 2002 durch Queen Elisabeth II anlässlich ihres goldenen Thronjubiläums eröffnet.

Das Falkirk Wheel ersetzt eine Schleusentreppe von 11 Schleusen, die den „Forth and Clyde Canal" mit dem „Union Canal" verbinden.  Falkirk Wheel ist praktisch ein Riesenrad für Schiffe und hat einen Durchmesser von über 35 Metern.  In Funktion können Schiffe einen Höhenunterschied von 24 Metern in einem einzigen Durchgang überwinden.

Die Schiffe fahren oben oder unten in einen Trog, der sich dann schließt.  Durch eine Radnabe und eine horizontale drehbare Achse sind die Schiffe bei ihrer Fahrt immer waagerecht und kommen gleichzeitig oben oder unten an.  Nach Öffnung der Trog-Klappen fahren die Schiffe dann aus den Trögen wieder heraus.  Wir fuhren damals mit einem 100 Personen-Schiff hinauf und wieder hinunter.  Wer jemals in diese Gegend kommt, sollte so eine Fahrt auf keinen Fall versäumen.

Wir aber sind heute weiter auf dem Weg in den Süden, streifen Edinburgh  und biegen dann ab, um über Penicuik  die A 702 zu nehmen, die auf die Autobahn in den Süden führt.

Den vollen Autobahnen und Kreiseln entkommen, erreichen wir unbeschadet und froh gelaunt **Dumfries** und unser „**Ferintosh Guest House**", wo wir von Emma und Robertson wieder einmal freudig begrüßt werden.

Wir hatten uns unterwegs viel Zeit gelassen, und so sollten wir uns jetzt erst mal ums Abendessen kümmern. Im Auge haben wir dabei das „**Cavens Arms**".

Dieser Pub mit gutem Restaurant ist auch wieder dieses Jahr zum „Pub of the year" gewählt worden. Wir haben uns heute am Samstag allerdings keine große Hoffnung gemacht, dort einen Tisch zu bekommen. Aber die Dame am Empfang ist so nett und freundlich und sagt: „Wenn Sie eine halbe Stunde Zeit haben, dann habe ich auch einen Tisch für Sie. In dieser Zeit können Sie ja einen Drink an unserer Bar nehmen. Sie werden dann von dort abgeholt und zu Ihrem Tisch geleitet."

Natürlich nehmen wir dieses Angebot sofort und sehr gerne an. An der Bar und dem danebengelegenen Raum ist es sehr voll und ziemlich laut. Was die Lautstärke betrifft, ist dies einer Dame zu verdanken, die beinahe ununterbrochen „kreischt und lacht". Aber wir beide bestellen uns je ein Pint of Guinness und werden die Zeitüberbrückung wohl überstehen. Der Barkeeper fragt übrigens nur, ob wir auf einen Tisch warten und dann nach unserem Namen. Bezahlen brauchen wir hier an der Theke erst einmal nicht – kommt hinterher auf die Rechnung.

Es vergeht gar keine halbe Stunde und eine sehr fröhliche junge Dame holt uns ab und zeigt uns unseren Tisch für heute Abend.

Für Helga gibt's (vermutlich) etwas mit Truthahn, weil wir das auf der Karte so „ungefähr" vermuten. Normalerweise kennen wir uns ja inzwischen sehr gut mit den Speisen in Irland und Schottland aus, aber man sieht, Überraschungen kann es dennoch geben. Da Helga sehr mutig mit dem Essen und auch unbekannten Essen umgeht, kann sie dieses Risiko eines Missverständnisses ja auch eingehen. Bei mir sieht das schon anders aus. Ich mag – sagte ich glaube schon - sehr vieles „nicht". So gehe ich auf Nummer sicher und bestelle etwas mit Pork. Das klappt auch sehr gut, denn mein Essen besteht aus Schweinefleisch-Scheiben in Weißwein-Soße mit Gemüse und Chips. Und für Helga kommt ........ „ eine ganze Lachs-Forelle"! Welch eine Überraschung, aber eine sehr freudige Überraschung, denn Helga sagt danach, dass sie noch nie so eine wohlschmeckende Lachs-Forelle genossen hat.

Espresso und Bunnahabhain runden auch hier den Abend ab.

------------

# 17. September 2017

Beim wieder fantastischen Frühstück stellt sich heraus, dass **Emma** inzwischen **Mitglied des Schottischen Parlaments** ist. Unsere Gastgeber schenken uns schottische Buttons, die zeigen, dass Schottland für seine Eigenständigkeit eintritt.

Und Emma sagt, dass sie unser Buch „Sheep Fight For Freedom" in ihre Arbeitsgruppe beim Parlament mitnimmt, denn wenn Schafe um die Freiheit kämpfen, dann sollten Menschen dies auch können.

Auf unserem heutigen Programm steht ein Besuch der „**Threave Gardens**". Auch hier waren wir bereits vor zwei Jahren. Damals hatten wir aber ein Handicap. Besser gesagt, Helga ging damals an Unterarmgehhilfen - zum Glück erst fast am Ende des Urlaubs. Ein paar Monate nach dem Urlaub bekam Helga dann im Januar 2016 ein ganz neues Knie. Heute ist alles gut – OP gut, Knie gut, Patientin gut. Somit haben wir uns jetzt den ganzen Tag für den Garten reserviert.

Es ist ein wunderschöner Tag – wir genießen die gesamten Anlagen und verbringen dort wirklich viele Stunden - sehr entspannt. Jeder Garten- und Naturfreund dürfte hier seine helle Freude haben. Zur Stärkung ist auch genug vorhanden. Im Garten gibt es ein Cafe und gleich am Eingang ein Restaurant. Da wir eine ganze Weile dort verbracht haben, lernten wir auch beides kennen.

Am Abend suchen wir zunächst ein Restaurant, das wir von früher kannten. Dort ist die Speisekarte aber inzwischen nicht – mehr – so, wie wir uns dies vorstellen. Das „Cavens Arms" ist nicht weit davon entfernt – nur 200 Meter. Wir entscheiden uns dafür, einfach dort noch einmal unser Glück zu versuchen.

Kaum zu glauben, aber wieder wahr – wir werden so herzlich von der Empfangsdame und der Tischgeleitdame begrüßt, als ob wir tägliche Stammgäste wären. Und auch der Kellner der Bar erkennt uns wieder. Es ist heute am Sonntag viel ruhiger, als am gestrigen Abend. Wir bekommen sofort einen Tisch und bestellen „Lamb Marokko-Art" für Helga und für mich ein letztes Mal in diesem Urlaub die „Fish and Ships, die überall sehr gut waren und überhaupt nicht mit solchen Fischen zu vergleichen sind, die fast nur eine leere Hülle sind.

Am Nachbartisch sitzen Linda und ihre schon sehr betagte Mutter Maureen.    Wir kommen mit den beiden ins Gespräch.    Dabei stellt sich heraus, dass Linda in Cambridge Kinder in Deutsch und Englisch unterrichtet und jetzt ihre Mutter hier in Dumfries besucht.

„Natürlich" werden auch meine Bücher erwähnt, die das Interesse von Linda finden.    Da sie die beiden Sprachen unterrichtet,    hat sie Interesse sowohl an den englischen Büchern, als auch an dem deutschen Kinderbuch mit den Schaf-Kurzgeschichten.    Beide wird sie sich im Netz ansehen, ob sie die eventuell auch für ihren Unterricht gebrauchen kann.

Wir unterhalten uns noch eine längere Zeit sehr nett, was uns Gelegenheit zu einem letzten Abschluss-Guinness hier in Dumfries bietet.

Was für ein Tag – schon wieder.    Und gute Nacht Dumfries, ein letztes Mal, denn morgen machen wir uns auf den Weg zur Fähre.

------------

# 18. September 2017

Die letzten Stunden auf schottischem Boden sind angebrochen. Wie immer ist die Verabschiedung von unseren Gastgebern sehr herzlich. Wir wünschen Emma und Robertson allzeit gute Gäste und viel Erfolg bei der Parlaments-Arbeit. Im Sonnenschein fahren wir ostwärts, denn heute wartet die Fähre auf uns.

Wie immer, wenn wir von Dumfries aufbrechen, halten wir noch einmal in Gretna Green. Das dortige (Touristen) Zentrum ist für uns amüsant, wenn wir sehen, wie die Leute massenweise Whisky einkaufen, weil es zwar auch ein gutes Geschäft dafür gibt, aber wir die Preise in Deutschland kennen und somit dort nicht einkaufen würden. In voller Montur steht auch dort heute wieder ein „Piper", der sich die Luft aus den Lungen spielt.

Dort gibt es auch immer noch ein Standesamt, wo man schon „früher" heiraten konnte, wenn es woanders nicht möglich war. Auch heute sehen wir ein Paar, das dies nutzt, obwohl – wir denken, dass die es auch anderswo genehmigt bekommen würden. Aber es ist nun mal wirklich ein besonderer Platz für so einen Event.

Nachdem wir uns ein wenig die Beine vertreten haben, machen wir uns auf den Restweg zur **Fähre**. Die liegt bereits in **Newcastle** und bereitet sich auf die neuen Gäste vor – also auch auf uns.

Auf der Fahrt nach Newcastle kommen wir auch in die Nähe von **Hexham**. Vor zwei Jahren haben wir dort das „**Chesters Roman Fort**" besucht – aus der Zeit, als der römische Kaiser Hadrian den gleichnamigen „**Hadrians Wall**" erbauen ließ.

Das Fort mussten wir zwar ziemlich suchen, aber man kann dann dort noch gut die Reste der Grundmauern der damaligen großen Garnison für viele Soldaten sehen. Und für die Kaffeepause war es auch ein guter Ort, bevor man sich in den Rummel um Newcastle mit seinen vielen Kreisverkehren begibt.

Von diesen Roundabouts wollen wir uns heute einige ersparen, denn wir haben noch viel Zeit und machen einen Schlenker. Wir ändern die Richtung und fahren an die Küste nach **Blyth**, wo es einen letzten Kaffeestopp gibt. In aller Ruhe fahren wir dann die letzten Kilometer über das uns bekannte **Whitley Bay** bis zur Fähre. Es ist wieder unsere bekannte „Princess Seaways", die an den **Royal Quays** / North Shields liegt.

Um 14.30 h fahren wir an Bord, und um 16.30 h legt sie ab.    Die Wettervorausschau sagt auch für die Rückreise für die nächsten 16 Stunden ruhige See voraus – sehr beruhigend.    Für diese Fahrt haben wir eine Zwei-Bett-Kabine in der   9. Etage des Schiffs bekommen.    Und dann geht alles schon seinen Routine-mäßigen Gang.    Die Abfahrt aus dem Hafen genießen wir immer außen, dann führt uns der obligatorische Rundgang durchs Schiff, bis das Abendessen ruft.    Auch hier gibt es ein Abschieds-Guinness und wir gönnen unseren Augen etwas Ruhe – die haben auch in diesem Urlaub wieder enorm viel zu verkraften gehabt.

------------

# 19. September 2017

Der Kapitän hatte es versprochen, der Kapitän hat sein Wort gehalten.     Es war  eine sehr ruhige Überfahrt.     Um 9.30 h  legen wir in Ijmuiden / NL an.     Nach und nach machen sich die Passagiere auf   den   Weg   zu   ihren   Fahrzeugen. Die Ausschiffung dauert dann eben seine Zeit.

Um Amsterdam herum wird es noch einmal etwas knubbelig,  aber  mit  gutem  Willen,  die  Ruhe bewahrend,  kommen wir der Heimat Stück für Stück näher.

Ab der Grenze NL / BRD sind es für uns noch ca. eine Stunde Autofahrt.     Das klappt ohne Stau auch dieses Mal.     Kurz nach 13.30 h sehen wir unser Haus wieder.

Helga  und  ich  sind   sehr   gespannt darauf, wie   unser   neuer   „**Kater   Tobi**"  reagiert. Unsere Nachbarin  hat  uns  immer  auf  dem Laufenden gehalten, wie es ihm geht, denn Tobi ist erst 4 ½ Monate bei uns.

Unser Kater vor ihm war „**Moritz**", der im Dezember 2016 mit seinen 16 Jahren gestorben ist und elf Jahre bei uns war. Wir haben einige Monate verstreichen lassen, weil wir das wirklich erst einmal verkraften mussten. Irgendwann hatten wir das Gefühl – es geht nicht „ohne". Somit haben wir es so eingerichtet, dass wir Tobi aus dem Tierheim geholt haben. Da unser Schottland-Urlaub schon seit Oktober 2016 geplant war, sollte Tobi sich eine lange Zeit lang erst an uns gewöhnen, bis wir dann die Reise antreten.

So kam Tobi Anfang Mai zu uns. Er ist bereits neun Jahre alt, aber ein zu junges Tier wollten wir ja auch gar nicht. Tobi war bisher ein Stuben-Kater. Ganz langsam haben wir ihn an die Welt „draußen" gewöhnt. Und er hat diese Welt voll und 100 %-ig angenommen. Inzwischen ist er mehr draußen als drinnen. Und wenn man ihn draußen sieht, dann merkt man ihm seine Zufriedenheit auch sehr gut an. So viel Neues gab es für ihn zu entdecken – nur vor Pferden hatte er unheimlich Respekt. Wenn die auch nur mal laut schnauften, dann war Tobi drinnen. Zwar hatten wir keine großen Bedenken, dass Tobi beleidigt reagieren wird, aber ab der ersten Sekunde des Wiedersehens mit ihm, da sind auch die Reste davon zerstreut.

Tobi kommt sofort mauzend zu uns gerannt, schmust und schnurrt sofort mit uns und freut sich total aufs Wiedersehen – genau wie wir auch.

Ja – nach so vielen beeindruckenden Erlebnissen in Schottland ist es auch schön, wieder zu Hause zu sein – und wenn man dann auch noch „so" empfangen wird - einfach s c h ö n !


**E N D E**

# Epilog:

Den Epilog aus unserem Erlebnisbericht „Irland und ein etwas anderes Irisches Tagebuch" können wir ungekürzt hier wie folgt übernehmen.

**Es wird empfohlen**, v o r einer beabsichtigten Reise oder Buchung jeweils den „aktuellen" Stand im Netz oder anderweitig zu erfragen, da für die Aktualität der in diesem Bericht genannten Personen und Sachen ansonsten keine Gewähr auf Aktualität pp. übernommen werden kann.

B & B`s und Hotels können den Besitzer wechseln, schließen und nicht mehr zur Verfügung stehen

Restaurants können schließen, können andere Köche bekommen, die Änderungen bedeuten.

W i r haben in den von uns genannten Orten und Restaurants so super gegessen, wie wir es beschrieben haben. Wir bekommen keine Vergünstigungen für Werbung. Und wenn wir hören, dass man in Irland oder Schottland nicht vernünftig Essen kann, dann wissen wir nicht, wo d i e j e n i g e n denn gegessen haben.

Ein paar Tage nach unserer Reise kam **weitere** **„ungewöhnliche Post"** bei uns an.

Diesmal war es eine Antwort „**direkt aus dem Buckingham Palace"**. ( siehe auch Seite 34 )

„Im Namen der Queen" bedankte sich ihre persönliche Referentin für Auslands- Angelegenheiten ( Miss Jennie Vine, Deputy Correspondence Coordinator ) für mein englisches Buch.

Mehrfach wurde in dem Brief um Entschuldigung gebeten, dass das Buch als Anlage zurück geschickt wurde.

Es besteht dort der Grundsatz, dass die Queen „grundsätzlich" keine privaten Geschenke annimmt und keinerlei Ausnahmen zugelassen sind. Geschenke werden ausnahmslos nur in Staatsangelegenheiten entgegen genommen.

------------

Anmerkung: Seite 34 war als Versuch gedacht, ob wohl etwas passiert, wenn ich die Bücher an die entsprechenden Anschriften versende. Dass dann in beiden Fällen tatsächlich eine Antwort kam, das kann einen schon ein wenig stolz machen.

## bisher erschienene Bücher von Wolfgang Pein:

**The adventures of two sheep friends**

(in Englisch -  ISBN  9783732233328)

**Schaf-Geschichten mit Johanna**

(ein **Kinder-Buch**

ISBN  9783848251032)

**Schafe mähen nicht nur Gras**

(208 Seiten – **Roman** -  ISBN  9783738606584)

**Schafe brauchen auch mal Urlaub**

(208 Seiten – **Roman** -  ISBN  9783739241074)

**Schaf-Geschichten aus dem schönen Vinschgau**

(Südtirol/Norditalien -

ISBN 9783837079241)

**Sheep Fight For Freedom**

(in Englisch – **Roman** - ISBN 9783741279713)

**vier letzte Tage im Februar**

(ein **Kriminal** - Roman)

ISBN 9783743195417

**Eine falsche Badehose im Haifisch – Becken
kann tödlich sein**

(ein tödlicher **Kriminal** – Roman aus dem Bereich

der Finanzen und Bilanzen - 260 Seiten)

(ISBN 9783744835091)

**Ruhe  sanft  oder**

**wie  ich  im  Keller  endete**

( <u>eine  A k t e  berichtet</u> aus ihrem Behörden-Leben,
wie sie aus einem Blatt Papier ein dicker Ordner
wird  -  ein auch für jeden Sachfremden
verständlicher Gang durch ein Justiz-Verfahren –
humorvoll erzählt )

(ISBN  9783744895286)

------------

**Sämtliche  Bücher**

**sind in jedem Buchgeschäft in Europa, den USA
und  in  Kanada  „<u>bestell-bar</u>",**

**- auch über Amazon  pp.  -**

**u n d  sind jeweils  a u c h  als  E - Book
erhältlich.**

**Weitere Informationen**

**können unter www**

**wolfgang  pein  bücher    (oder)**

**wolfgang  pein  schafe    abgerufen werden.**